«
MW01707062

Lili la souris et Agnès la tigresse

Texte de Christine Herve
Illustrations de David Morichon

BIBLIOTHEQUE

Hemma

Lili est une petite fille très timide.
Le matin, elle arrive à l'école avec les mains bien propres, les cheveux bien tressés.
Le soir, ses mains sont toujours aussi propres, ses tresses ne sont pas du tout décoiffées. Pour la taquiner*, ses camarades l'appellent Lili la petite souris.

TOP

Dans la cour de récréation, parfois des petits garçons tirent sur ses tresses, mais Lili ne dit rien, jamais rien.

Parfois des petites filles l'invitent à jouer avec elles :
« Lili, entre dans la ronde. »

Mais comme elle ne vient pas, alors elles l'oublient. Et Lili reste toute seule.

Et puis, un jour, une nouvelle élève arrive à l'école. C'est Agnès.

Agnès est de la même taille que Lili. Elle est coiffée comme Lili, avec deux longues tresses. Mais ses mains sont toujours sales, son visage toujours barbouillé*.

Le matin, ses cheveux sont bien tressés, mais le soir des mèches pendent sur sa figure, ses nœuds sont défaits et sa jupe est toute de travers.

Dans la cour de récréation, elle court, elle tombe, bouscule ses camarades. Les enfants l'appellent Agnès la tigresse.

En classe, elle bouge tellement, parle tellement que ses camarades ne veulent plus s'asseoir à côté d'elle. Alors, la maîtresse l'installe à la même table que Lili.

1+2=

Agnès prend toute la place avec ses bras et, sans le faire exprès, donne un coup de coude à Lili qui rature* son beau dessin. Les yeux de Lili s'emplissent de larmes.

– Tu ne vas pas pleurer pour ça, lui dit Agnès.
Et comme Lili renifle toujours, elle lui prête sa gomme en lui adressant un drôle de sourire qui ressemble presque à une grimace.

Lili a un peu peur d'Agnès la tigresse. Elle la trouve tellement brusque !

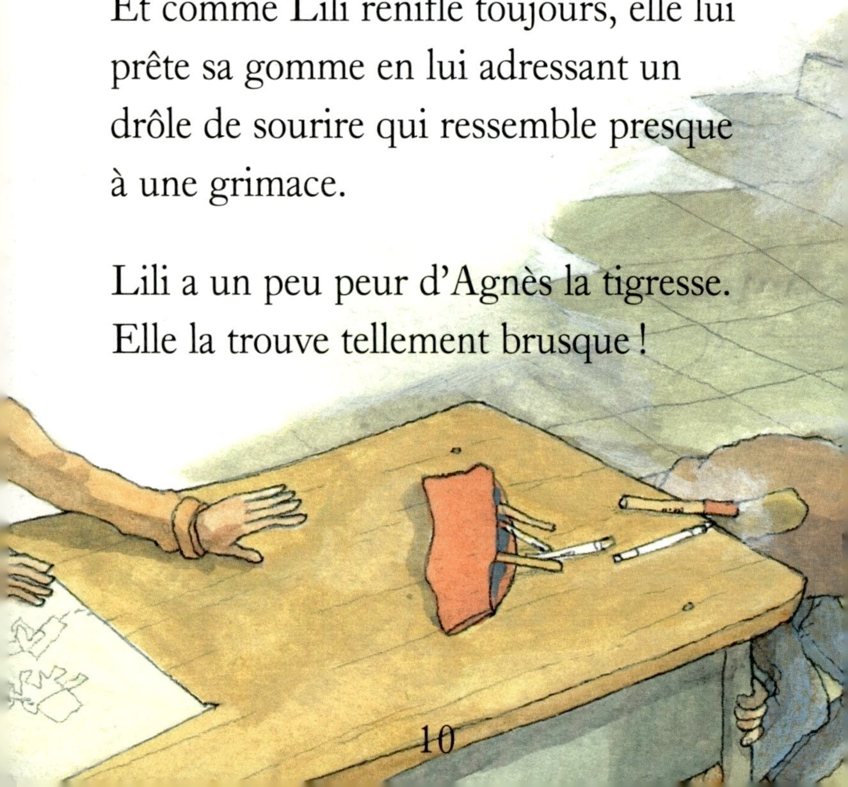

Pourtant, elle n'a pas l'air vraiment méchante...

Un jour, dans la cour de récréation, des enfants se moquent de Lili qui mange son pain par petits morceaux, très délicatement.

Ils chantent en tournant autour d'elle :
« C'est Lili, la petite souris
Qui mange du riz. »

Alors, Agnès la tigresse se fâche :
– Laissez-la tranquille ! Allez jouer ailleurs !

Les enfants s'éparpillent* en riant. Agnès adresse alors à Lili sa drôle de petite grimace.

Un autre jour, Agnès est poursuivie par des enfants qui finissent par l'attraper.

Elle arrive à se libérer mais, dans la mêlée*, elle a perdu ses beaux nœuds jaunes.

Elle regarde autour d'elle,
mais ne voit rien.

BIBLIOTHÈQUE
ÉCOLE DE LA PETITE-GARE
650, BL. DE PALERME
LAPRAIRIE, QUÉ. J5R 6B2

– C’est ça que tu cherches ? lui dit alors timidement Lili en lui tendant ses nœuds. Je les ai ramassés.

Agnès la remercie en lui adressant encore sa drôle de grimace.
Et, cette fois-ci, Lili lui sourit.

Lentement, Lili et Agnès sont devenues amies. Maintenant, elles jouent toujours ensemble.

Ce matin, en entrant dans la classe, les enfants ont trouvé plein de petites crottes. Les cahiers étaient même un peu rongés et un paquet de galettes était tout grignoté*.

– Je crois que nous avons eu un visiteur, dit la maîtresse. Ce doit être une souris.
– C'est Lili ! dit un garçon.
Mais Agnès la tigresse lui adresse un regard si noir qu'il se tait immédiatement.

– Ce soir, nous mettrons un piège, reprend la maîtresse.

Lili n'ose rien dire, mais elle n'est pas d'accord. Elle ne veut pas que l'on fasse du mal à cette souris.

Le soir, elle regarde bien où la maîtresse place le piège. Il est juste sous l'armoire. Et, à l'heure de la sortie, elle se cache derrière une caisse de jouets. Sa maman vient toujours la chercher après la garderie, alors elle a le temps.

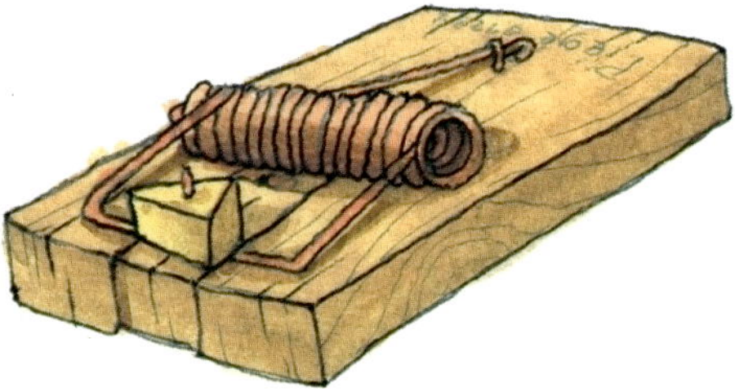

2+3
A

Ne voyant plus personne dans la classe, la maîtresse ferme la porte.

Vite, Lili se penche sous l'armoire, attrape le piège et retire le petit morceau de fromage fixé dessus.

BIBLIOTHÈQUE
ÉCOLE DE LA PETITE-GARE
650, BL. DE PALERME
LAPRAIRIE, QUÉ. J5R 6B2

Puis elle appelle la petite souris en couinant* tout doucement.
La souris n'a pas peur de cette petite fille si douce. Elle montre le bout de son nez et avance vers Lili. Alors, Lili l'attrape délicatement et lui donne le morceau de fromage. Puis elle la met dans la poche de son manteau et sort furtivement* de la salle de classe.

Pendant ce temps-là, Agnès est déjà rentrée à la maison. À peine a-t-elle avalé son goûter qu'elle court dans le petit jardin en bas de chez elle.

Là, elle entend un drôle de petit miaulement plaintif*.
« On dirait une bête abandonnée ! »
Elle cherche dans les buissons et finit par trouver un petit chat tigré roux et blanc. Il a si peur qu'il tremble.
Agnès le réconforte* en lui parlant gentiment.

Le lendemain matin, Lili dit à Agnès :
– J'ai un cadeau pour toi.

– Moi aussi, dit Agnès. On se retrouve ce soir au petit jardin près de chez moi ?

– D'accord, répond Lili.

Rentrée chez elle, Lili installe la petite souris grise dans une petite boîte garnie* de chiffons. Puis elle ferme le couvercle.

Agnès installe aussi son petit chat roux dans un panier et elle le recouvre d'un vieux tissu.

Puis, les deux fillettes vont au jardin, tenant à la main leur petit panier.
Là, elles échangent leurs cadeaux.

BIBLIOTHÈQUE
ÉCOLE DE LA PETITE-GARE
... DE PALERME
... E, QUÉ ... 5R 6B2

– Oh ! Qu'il est mignon ! s'exclame Lili, en découvrant le petit chat qui s'agrippe à elle.
Il plante un peu ses griffes à travers son pull. Elle n'est pas trop rassurée, mais c'est un beau cadeau !

NONO Le
Petit Robot

– Oh ! Qu’elle est mignonne ! s’exclame Agnès en découvrant la petite souris qui se recroqueville* pour ne pas se laisser attraper.
Je vais l’amadouer*.

Grâce aux soins de Lili, le petit chat roux n'est plus craintif du tout. Il est très doux et ronronne tout le temps.

La petite souris d'Agnès n'est plus du tout effarouchée*. Elle se promène même au cou de sa maîtresse.

À l'école, c'est bientôt le jour du carnaval.
Les enfants s'interrogent sur leur futur costume.

– En quoi vas-tu te déguiser ? demande Agnès à Lili.
Lili lui répond à l'oreille.
– Et moi, en... chuchote* à son tour Agnès à Lili.

Puis toutes les deux se regardent et en même temps s'écrient :
– Non ! J'ai une meilleure idée !

Le jour du carnaval, parmi les chevaliers, les princesses, les robots, il y a une souris grise qui court après un jeune tigre.

Tous les enfants et même la maîtresse croient avoir reconnu, sous ces déguisements, Agnès et Lili. Agnès en costume de tigre et Lili en souris.

Mais, à la surprise générale, lorsqu'elles enlèvent leur masque, c'est Agnès qui était la souris et Lili le tigre.

Et c'est ainsi que Lili perdit sa timidité. On ne l'appela plus jamais petite souris. Agnès devint beaucoup plus douce et on ne l'appela plus jamais la tigresse.

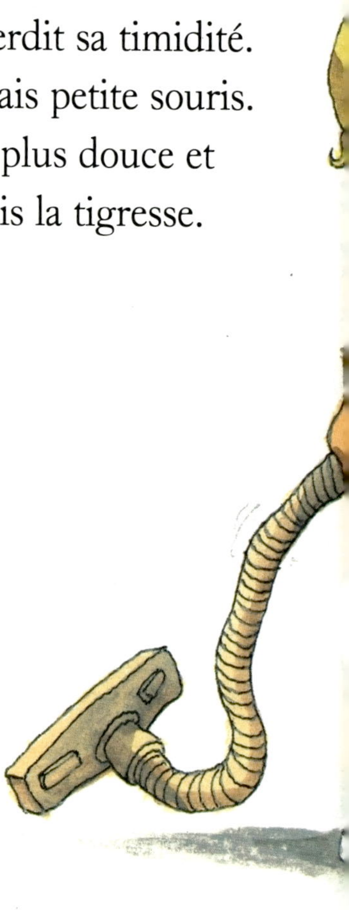

LES MOTS DE L'HISTOIRE :

* **Taquiner** un camarade, c'est se moquer de lui pour s'amuser.

* Un visage est **barbouillé** quand il est couvert de traces sales.

* **Raturer,** c'est barrer d'un trait ce qu'on a écrit.

* Les enfants **s'éparpillent** dans la cour de récréation : ils vont dans toutes les directions.

* Une **mêlée**, c'est un groupe de personnes qui se poussent et se bousculent.

* Quand une souris **grignote** son fromage, elle le mange à petits coups de dent.

* La souris qui pousse ses petits cris **couine**.

* Sortir **furtivement** d'une pièce, c'est sortir

sans faire de bruit et sans se faire remarquer.

* Un petit animal pousse des cris **plaintifs** pour montrer qu'il a mal ou qu'il a de la peine.

* Une maman qui **réconforte** son enfant le console et lui redonne du courage.

* Une boîte **garnie** de chiffons est une boîte remplie de chiffons.

* Quand un animal **se recroqueville**, il se met en boule et se fait tout petit.

* **Amadouer** un animal, c'est le rassurer, le tranquilliser en étant gentil avec lui.

* Un animal **effarouché** a peur qu'on lui fasse du mal et ne se laisse pas approcher.

* **Chuchoter**, c'est parler à voix basse.

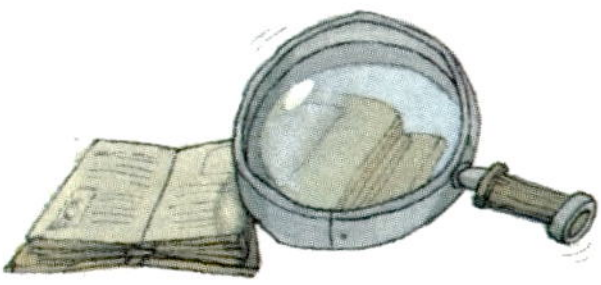

QUELQUES QUESTIONS :

1. Pourquoi est-ce que Lili reste toujours toute seule à l'école ?

2. Pourquoi les enfants de l'école appellent-ils Agnès, Agnès la tigresse ?

3. Est-ce qu'Agnès protège Lili contre les autres enfants ?

4. Qui a grignoté un paquet de galettes dans la classe ?

5. Pourquoi, un soir, Lili reste-t-elle tard dans la classe ?

6. Que trouve Agnès dans le jardin près de chez elle ?

7. Quel cadeau Lili offre-t-elle à Agnès ?

8. En quoi se déguise Lili, le jour du carnaval ? Et Agnès ?

9. Est-ce que, à la fin de l'histoire, Lili et Agnès ont changé ?
Comment sont-elles devenues ?

BIBLIOTHÈQUE
ÉCOLE DE LA PETITE-GARE
650, BL. DE PALERME
LAPRAIRIE, QUÉ. J5R 6B2

Titres parus dans cette collection:

1. Cornichou le monstre mal élevé !
2. Gare aux rêveurs !
3. Lili la souris et Agnès la tigresse
4. Drôles de poissons
5. Derrière la porte
6. La Fée des rêves

ISBN : 2-8006-7374-5
Dépôt légal : 09 99/0058/220

N°d'impression : 4173
Imprimé en CE